PIPPA SHAW

is an artist and textile
designer. Her work is
inspired by her love of
nature, rooted in classic
design principles, and
imbued with a fresh,
contemporary aesthetic.

www.pippashaw.com

THIS JOURNAL BELONGS TO

_____

potter

20 ___ ★ _____

_____

_____

_____

20 ___ ★ _____

_____

_____

_____

20 ___ ★ _____

_____

_____

_____

20 ___ ★ _____

_____

_____

_____

20 ___ ★ _____

_____

_____

_____

2

JANUARY

Can people change?

20 ___ ★ _____

_____

_____

_____

20 ___ ★ _____

_____

_____

_____

20 ___ ★ _____

_____

_____

_____

20 ___ ★ _____

_____

_____

_____

20 ___ ★ _____

_____

_____

_____

20 ___ ★ _____
_____
_____
_____

20 ___ ★ _____
_____
_____
_____

20 ___ ★ _____
_____
_____
_____

20 ___ ★ _____
_____
_____
_____

20 ___ ★ _____
_____
_____
_____

4

JANUARY
The best part of today?

20 ___ ★ _____

_____

_____

20 ___ ★ _____

_____

_____

20 ___ ★ _____

_____

_____

20 ___ ★ _____

_____

_____

20 ___ ★ _____

_____

_____

20 ___ ★ _____

_____

_____

_____

20 ___ ★ _____

_____

_____

_____

20 ___ ★ _____

_____

_____

_____

20 ___ ★ _____

_____

_____

_____

20 ___ ★ _____

_____

_____

_____

6

JANUARY

Today was tough because _____.

20 ____ ★ _____

20 ____ ★ _____

20 ____ ★ _____

20 ____ ★ _____

20 ____ ★ _____

You are lucky; how so or not so?

20 ___ ★ _____

_____

_____

_____

20 ___ ★ _____

_____

_____

_____

20 ___ ★ _____

_____

_____

_____

20 ___ ★ _____

_____

_____

_____

20 ___ ★ _____

_____

_____

_____

8

JANUARY
What song is stuck in your head?

20 ___ ★ _____

_____

_____

20 ___ ★ _____

_____

_____

20 ___ ★ _____

_____

_____

20 ___ ★ _____

_____

_____

20 ___ ★ _____

_____

_____

Was today typical? Why or why not?

20 ___ ★ _____
_____
_____
_____

20 ___ ★ _____
_____
_____
_____

20 ___ ★ _____
_____
_____
_____

20 ___ ★ _____
_____
_____
_____

20 ___ ★ _____
_____
_____
_____

10

JANUARY

Write down something
that inspired you today.

20 ___ ★ _____

20 ___ ★ _____

20 ___ ★ _____

20 ___ ★ _____

20 ___ ★ _____

Today you lost _____.

20 ___ ★ _____
_____
_____
_____

20 ___ ★ _____
_____
_____
_____

20 ___ ★ _____
_____
_____
_____

20 ___ ★ _____
_____
_____
_____

20 ___ ★ _____
_____
_____
_____

12

JANUARY

What's your favorite accessory?

20 ___ ★ _____

_____

_____

_____

20 ___ ★ _____

_____

_____

_____

20 ___ ★ _____

_____

_____

_____

20 ___ ★ _____

_____

_____

_____

20 ___ ★ _____

_____

_____

_____

20 ___ ★ _____

_____

_____

_____

20 ___ ★ _____

_____

_____

_____

20 ___ ★ _____

_____

_____

_____

20 ___ ★ _____

_____

_____

_____

20 ___ ★ _____

_____

_____

_____

14

Are you a leader or a follower?

20 —— ★ _____

_____

_____

_____

20 —— ★ _____

_____

_____

_____

20 —— ★ _____

_____

_____

_____

20 —— ★ _____

_____

_____

_____

20 —— ★ _____

_____

_____

_____

On a scale of one to ten,
how was your lunch today?

20 ___ ★ _____

_____

_____

_____

20 ___ ★ _____

_____

_____

_____

20 ___ ★ _____

_____

_____

_____

20 ___ ★ _____

_____

_____

_____

20 ___ ★ _____

_____

_____

_____

16

Do you owe someone money?
Does someone owe you?

20 ___ ★ _____

_____

_____

_____

20 ___ ★ _____

_____

_____

_____

20 ___ ★ _____

_____

_____

_____

20 ___ ★ _____

_____

_____

_____

20 ___ ★ _____

_____

_____

_____

What's the oldest thing
you're wearing today?

17

20 ___ ★ _____

_____

_____

_____

20 ___ ★ _____

_____

_____

_____

20 ___ ★ _____

_____

_____

_____

20 ___ ★ _____

_____

_____

_____

20 ___ ★ _____

_____

_____

_____

18

What was peaceful about today?

20 ___ ★ _____

_____

_____

_____

20 ___ ★ _____

_____

_____

_____

20 ___ ★ _____

_____

_____

_____

20 ___ ★ _____

_____

_____

_____

20 ___ ★ _____

_____

_____

_____

20 ___ ★ _____

_____

_____

_____

20 ___ ★ _____

_____

_____

_____

20 ___ ★ _____

_____

_____

_____

20 ___ ★ _____

_____

_____

_____

20 ___ ★ _____

_____

_____

_____

20

JANUARY

Are you holding a grudge? About?

20 ___ ★ _____

_____

_____

_____

20 ___ ★ _____

_____

_____

_____

20 ___ ★ _____

_____

_____

_____

20 ___ ★ _____

_____

_____

_____

20 ___ ★ _____

_____

_____

_____

20 —— ★ _____

_____

_____

_____

20 —— ★ _____

_____

_____

_____

20 —— ★ _____

_____

_____

_____

20 —— ★ _____

_____

_____

_____

20 —— ★ _____

_____

_____

_____

22

Are you seeking security
or adventure?

20 ___ ★ _____
_____
_____
_____

20 ___ ★ _____
_____
_____
_____

20 ___ ★ _____
_____
_____
_____

20 ___ ★ _____
_____
_____
_____

20 ___ ★ _____
_____
_____
_____

Do you need a break?
From what?

20 ___ ★ _____

_____

_____

_____

20 ___ ★ _____

_____

_____

_____

20 ___ ★ _____

_____

_____

_____

20 ___ ★ _____

_____

_____

_____

20 ___ ★ _____

_____

_____

_____

24

JANUARY

If you were going to
start your own company,
what would it be?

20 __ ★ _____

_____

_____

_____

20 __ ★ _____

_____

_____

_____

20 __ ★ _____

_____

_____

_____

20 __ ★ _____

_____

_____

_____

20 __ ★ _____

_____

_____

What makes "you" you?

20 ___ ★ _____

_____

_____

_____

20 ___ ★ _____

_____

_____

_____

20 ___ ★ _____

_____

_____

_____

20 ___ ★ _____

_____

_____

_____

20 ___ ★ _____

_____

_____

_____

26

JANUARY

Today you needed
more _____.

20 ___ ★ _____

_____

_____

_____

20 ___ ★ _____

_____

_____

_____

20 ___ ★ _____

_____

_____

_____

20 ___ ★ _____

_____

_____

_____

20 ___ ★ _____

_____

_____

_____

Which art movement best
describes you today? (Surrealism?
Modernism? Dada?)

20 ___ ★ _____

_____

_____

_____

20 ___ ★ _____

_____

_____

_____

20 ___ ★ _____

_____

_____

_____

20 ___ ★ _____

_____

_____

_____

20 ___ ★ _____

_____

_____

_____

28

How do you describe home?

20 ___ ★ _____

_____

_____

_____

20 ___ ★ _____

_____

_____

_____

20 ___ ★ _____

_____

_____

_____

20 ___ ★ _____

_____

_____

_____

20 ___ ★ _____

_____

_____

_____

20 ___ ★ _____

_____

_____

_____

20 ___ ★ _____

_____

_____

_____

20 ___ ★ _____

_____

_____

_____

20 ___ ★ _____

_____

_____

_____

20 ___ ★ _____

_____

_____

_____

30

What do you want to forget?

20 ___ ★ _____
_____
_____
_____

20 ___ ★ _____
_____
_____
_____

20 ___ ★ _____
_____
_____
_____

20 ___ ★ _____
_____
_____
_____

20 ___ ★ _____
_____
_____
_____

Who do you want to be?

20 ___ ★ _____

_____

_____

_____

20 ___ ★ _____

_____

_____

_____

20 ___ ★ _____

_____

_____

_____

20 ___ ★ _____

_____

_____

_____

20 ___ ★ _____

_____

_____

_____

1

FEBRUARY

What is your resolution
for tomorrow?

20 ___ ★ _____

_____

_____

_____

20 ___ ★ _____

_____

_____

_____

20 ___ ★ _____

_____

_____

_____

20 ___ ★ _____

_____

_____

_____

20 ___ ★ _____

_____

_____

_____

20 ___ ★ _____

_____

_____

_____

20 ___ ★ _____

_____

_____

_____

20 ___ ★ _____

_____

_____

_____

20 ___ ★ _____

_____

_____

_____

20 ___ ★ _____

_____

_____

_____

3

FEBRUARY

On a scale of one to ten,
how sad are you? Why?

20 ___ ★ _____

_____

_____

_____

20 ___ ★ _____

_____

_____

_____

20 ___ ★ _____

_____

_____

_____

20 ___ ★ _____

_____

_____

_____

20 ___ ★ _____

_____

_____

_____

Outside, the weather is _____.

20 ___ ★ _____

_____

_____

_____

20 ___ ★ _____

_____

_____

_____

20 ___ ★ _____

_____

_____

_____

20 ___ ★ _____

_____

_____

_____

20 ___ ★ _____

_____

_____

_____

5

What are you obsessively
listening to?

20 ___ ★ _____

_____

_____

_____

20 ___ ★ _____

_____

_____

_____

20 ___ ★ _____

_____

_____

_____

20 ___ ★ _____

_____

_____

_____

20 ___ ★ _____

_____

_____

_____

Are you seeking contentment
or excitement?

20 ___ ★ _____

_____

_____

_____

20 ___ ★ _____

_____

_____

_____

20 ___ ★ _____

_____

_____

_____

20 ___ ★ _____

_____

_____

_____

20 ___ ★ _____

_____

_____

_____

7

FEBRUARY

What are three things
you have to buy?

20 ___ ★ _____

_____

_____

_____

20 ___ ★ _____

_____

_____

_____

20 ___ ★ _____

_____

_____

_____

20 ___ ★ _____

_____

_____

_____

20 ___ ★ _____

_____

_____

_____

20 —— ★ _____

_____

_____

_____

20 —— ★ _____

_____

_____

_____

20 —— ★ _____

_____

_____

_____

20 —— ★ _____

_____

_____

_____

20 —— ★ _____

_____

_____

_____

9

FEBRUARY

How late did you sleep?

20 ___ ★ _____

20 ___ ★ _____

20 ___ ★ _____

20 ___ ★ _____

20 ___ ★ _____

If this day was an animal,
which animal would it be?

20 ___ ★ _____

_____

_____

_____

20 ___ ★ _____

_____

_____

_____

20 ___ ★ _____

_____

_____

_____

20 ___ ★ _____

_____

_____

_____

20 ___ ★ _____

_____

_____

_____

11

How did you get
to work today?

20 ___ ★ _____

_____

_____

_____

20 ___ ★ _____

_____

_____

_____

20 ___ ★ _____

_____

_____

_____

20 ___ ★ _____

_____

_____

_____

20 ___ ★ _____

_____

_____

_____

20 ___ ★ _____

_____

_____

_____

20 ___ ★ _____

_____

_____

_____

20 ___ ★ _____

_____

_____

_____

20 ___ ★ _____

_____

_____

_____

20 ___ ★ _____

_____

_____

_____

13

What's your favorite
question to ask people?

20 ___ ★ _____

_____

_____

20 ___ ★ _____

_____

_____

20 ___ ★ _____

_____

_____

20 ___ ★ _____

_____

_____

20 ___ ★ _____

_____

_____

Did you kiss someone today?

20 ____ ★ _____

_____

_____

_____

20 ____ ★ _____

_____

_____

_____

20 ____ ★ _____

_____

_____

_____

20 ____ ★ _____

_____

_____

_____

20 ____ ★ _____

_____

_____

_____

15

FEBRUARY

Write down the cure
for a broken heart.

20 ___ ★ _____

_____

_____

20 ___ ★ _____

_____

_____

20 ___ ★ _____

_____

_____

20 ___ ★ _____

_____

_____

20 ___ ★ _____

_____

_____

What was the last performance
or concert you went to?

20 ___ ★ _____

_____

_____

_____

20 ___ ★ _____

_____

_____

_____

20 ___ ★ _____

_____

_____

_____

20 ___ ★ _____

_____

_____

_____

20 ___ ★ _____

_____

_____

_____

17

FEBRUARY

If you could change something about today, what would it be?

20 ___ ★ _____

_____

_____

20 ___ ★ _____

_____

_____

20 ___ ★ _____

_____

_____

20 ___ ★ _____

_____

_____

20 ___ ★ _____

_____

_____

What's the most expensive
thing you're wearing now?

18

20 ___ ★ _____

_____

_____

_____

20 ___ ★ _____

_____

_____

_____

20 ___ ★ _____

_____

_____

_____

20 ___ ★ _____

_____

_____

_____

20 ___ ★ _____

_____

_____

_____

19

FEBRUARY

Who is the craziest
person in your life?

20 ___ ★ _____

_____

_____

_____

20 ___ ★ _____

_____

_____

_____

20 ___ ★ _____

_____

_____

_____

20 ___ ★ _____

_____

_____

_____

20 ___ ★ _____

_____

_____

_____

What word did you
overuse today?

20 ___ ★ _____

_____

_____

_____

20 ___ ★ _____

_____

_____

_____

20 ___ ★ _____

_____

_____

_____

20 ___ ★ _____

_____

_____

_____

20 ___ ★ _____

_____

_____

_____

21

FEBRUARY

What is the current buzzword?

20 ___ ★ _____

_____

_____

_____

20 ___ ★ _____

_____

_____

_____

20 ___ ★ _____

_____

_____

_____

20 ___ ★ _____

_____

_____

_____

20 ___ ★ _____

_____

_____

_____

22

What was your prevailing
emotion of the day?

20 ___ ★ _____

_____

_____

_____

20 ___ ★ _____

_____

_____

_____

20 ___ ★ _____

_____

_____

_____

20 ___ ★ _____

_____

_____

_____

20 ___ ★ _____

_____

_____

_____

23

FEBRUARY

What's the most embarrassing purchase on a recent credit card statement?

20 __ ★ _____

_____

_____

_____

20 __ ★ _____

_____

_____

_____

20 __ ★ _____

_____

_____

_____

20 __ ★ _____

_____

_____

_____

20 __ ★ _____

_____

_____

_____

FEBRUARY

24

Today you've got too much _____.

20 ___ ★ _____
_____
_____
_____

20 ___ ★ _____
_____
_____
_____

20 ___ ★ _____
_____
_____
_____

20 ___ ★ _____
_____
_____
_____

20 ___ ★ _____
_____
_____
_____

25

FEBRUARY
What's the last dream
you remember?

20 ___ ★ _____

_____

_____

_____

20 ___ ★ _____

_____

_____

_____

20 ___ ★ _____

_____

_____

_____

20 ___ ★ _____

_____

_____

_____

20 ___ ★ _____

_____

_____

_____

FEBRUARY

26

Name one item you
can't throw out.

20 ___ ★ _____
_____
_____
_____

20 ___ ★ _____
_____
_____
_____

20 ___ ★ _____
_____
_____
_____

20 ___ ★ _____
_____
_____
_____

20 ___ ★ _____
_____
_____
_____

27

FEBRUARY

Are you the original or
the remix? Why?

20 ___ ★ _____

_____

_____

_____

20 ___ ★ _____

_____

_____

_____

20 ___ ★ _____

_____

_____

_____

20 ___ ★ _____

_____

_____

_____

20 ___ ★ _____

_____

_____

_____

FEBRUARY

28

When was the last time
you were sick?

20 ___ ★ _____

_____

_____

_____

20 ___ ★ _____

_____

_____

_____

20 ___ ★ _____

_____

_____

_____

20 ___ ★ _____

_____

_____

_____

20 ___ ★ _____

_____

_____

_____

29

FEBRUARY

Leap year? What did you
do with the extra day?

20 __ ★ _____

_____

_____

_____

20 __ ★ _____

_____

_____

_____

20 __ ★ _____

_____

_____

_____

20 __ ★ _____

_____

_____

_____

20 __ ★ _____

_____

_____

_____

20 ___ ★ _____

_____

_____

_____

20 ___ ★ _____

_____

_____

_____

20 ___ ★ _____

_____

_____

_____

20 ___ ★ _____

_____

_____

_____

20 ___ ★ _____

_____

_____

_____

2

MARCH
Salty or sweet?

20 ___ ★ _____

_____

_____

_____

20 ___ ★ _____

_____

_____

_____

20 ___ ★ _____

_____

_____

_____

20 ___ ★ _____

_____

_____

_____

20 ___ ★ _____

_____

_____

_____

Did you sleep alone last night?

20 ___ ★ _____

_____

_____

_____

20 ___ ★ _____

_____

_____

_____

20 ___ ★ _____

_____

_____

_____

20 ___ ★ _____

_____

_____

_____

20 ___ ★ _____

_____

_____

_____

4

MARCH

What would you like to
ask your mother?

20 ___ ★ _____

_____

_____

20 ___ ★ _____

_____

_____

20 ___ ★ _____

_____

_____

20 ___ ★ _____

_____

_____

20 ___ ★ _____

_____

_____

What's your favorite word
(right now)?

20 ___ ★ _____

_____

_____

_____

20 ___ ★ _____

_____

_____

_____

20 ___ ★ _____

_____

_____

_____

20 ___ ★ _____

_____

_____

_____

20 ___ ★ _____

_____

_____

_____

6

MARCH
Who's your nemesis?

20 __ ★ _____
_____
_____
_____

20 __ ★ _____
_____
_____
_____

20 __ ★ _____
_____
_____
_____

20 __ ★ _____
_____
_____
_____

20 __ ★ _____
_____
_____
_____

MARCH

7

It's not a good idea to
experiment with _____.

20 ___ ★ _____

_____

_____

_____

20 ___ ★ _____

_____

_____

_____

20 ___ ★ _____

_____

_____

_____

20 ___ ★ _____

_____

_____

_____

20 ___ ★ _____

_____

_____

_____

8

MARCH

What's the last song
you listened to?

20 ___ ★ _____

_____

_____

_____

20 ___ ★ _____

_____

_____

_____

20 ___ ★ _____

_____

_____

_____

20 ___ ★ _____

_____

_____

_____

20 ___ ★ _____

_____

_____

_____

A person you wanted to
ignore today _____.

20 ___ ★ _____

_____

_____

_____

20 ___ ★ _____

_____

_____

_____

20 ___ ★ _____

_____

_____

_____

20 ___ ★ _____

_____

_____

_____

20 ___ ★ _____

_____

_____

_____

10

MARCH

What was the last
movie you rented?

20 ___ ★ _____

_____

_____

_____

20 ___ ★ _____

_____

_____

_____

20 ___ ★ _____

_____

_____

_____

20 ___ ★ _____

_____

_____

_____

20 ___ ★ _____

_____

_____

_____

20 ___ ⋆ _____

_____

_____

_____

20 ___ ⋆ _____

_____

_____

_____

20 ___ ⋆ _____

_____

_____

_____

20 ___ ⋆ _____

_____

_____

_____

20 ___ ⋆ _____

_____

_____

_____

12

MARCH

Where do you live?

20 ___ ★ _____

_____

_____

_____

20 ___ ★ _____

_____

_____

_____

20 ___ ★ _____

_____

_____

_____

20 ___ ★ _____

_____

_____

_____

20 ___ ★ _____

_____

_____

_____

If you could add one hour to your
day, what would you do with it?

20 ___ ★ _____

_____

_____

_____

20 ___ ★ _____

_____

_____

_____

20 ___ ★ _____

_____

_____

_____

20 ___ ★ _____

_____

_____

_____

20 ___ ★ _____

_____

_____

_____

14

MARCH
What is true?

20 __ ★ _____

_____

_____

_____

20 __ ★ _____

_____

_____

_____

20 __ ★ _____

_____

_____

_____

20 __ ★ _____

_____

_____

_____

20 __ ★ _____

_____

_____

_____

MARCH

15

What do you not want
to talk about?

20 ___ ★ _____

_____

_____

_____

20 ___ ★ _____

_____

_____

_____

20 ___ ★ _____

_____

_____

_____

20 ___ ★ _____

_____

_____

_____

20 ___ ★ _____

_____

_____

_____

16

MARCH

What do you want to buy?

20 ___ ★ _____

_____

_____

20 ___ ★ _____

_____

_____

20 ___ ★ _____

_____

_____

20 ___ ★ _____

_____

_____

20 ___ ★ _____

_____

_____

20 —— ★ _____

_____

_____

_____

20 —— ★ _____

_____

_____

_____

20 —— ★ _____

_____

_____

_____

20 —— ★ _____

_____

_____

_____

20 —— ★ _____

_____

_____

_____

18

MARCH

In three words, describe your spirituality.

20 __ * _____

_____

_____

_____

20 __ * _____

_____

_____

_____

20 __ * _____

_____

_____

_____

20 __ * _____

_____

_____

_____

20 __ * _____

_____

_____

_____

Describe your work ethic.

20 ___ ★ _____

_____

_____

_____

20 ___ ★ _____

_____

_____

_____

20 ___ ★ _____

_____

_____

_____

20 ___ ★ _____

_____

_____

_____

20 ___ ★ _____

_____

_____

_____

20

MARCH

What was the last
book you read?

20 —— ★ _____

_____

_____

20 —— ★ _____

_____

_____

20 —— ★ _____

_____

_____

20 —— ★ _____

_____

_____

20 —— ★ _____

_____

_____

MARCH

21

The first thing you ate
today was _____.

20 ___ ★ _____
_____
_____
_____

20 ___ ★ _____
_____
_____
_____

20 ___ ★ _____
_____
_____
_____

20 ___ ★ _____
_____
_____
_____

20 ___ ★ _____
_____
_____
_____

22

MARCH

Jot down a news
story from today.

20 —— ★ _____

_____

_____

_____

20 —— ★ _____

_____

_____

_____

20 —— ★ _____

_____

_____

_____

20 —— ★ _____

_____

_____

_____

20 —— ★ _____

_____

_____

_____

MARCH

23

Are you country or rock 'n' roll (or hip-hop, emo, folk, punk . . .)?

20 ___ ★ _____

_____

_____

_____

20 ___ ★ _____

_____

_____

_____

20 ___ ★ _____

_____

_____

_____

20 ___ ★ _____

_____

_____

_____

20 ___ ★ _____

_____

_____

_____

24

MARCH

What did you daydream about today?

20 ___ ★ _____

_____

_____

20 ___ ★ _____

_____

_____

20 ___ ★ _____

_____

_____

20 ___ ★ _____

_____

_____

20 ___ ★ _____

_____

_____

_____ made you laugh.

20 ___ ★ _____

_____

_____

_____

20 ___ ★ _____

_____

_____

_____

20 ___ ★ _____

_____

_____

_____

20 ___ ★ _____

_____

_____

_____

20 ___ ★ _____

_____

_____

_____

26

MARCH
Who do you aspire to be like?

20 ___ ★ _____

_____

_____

_____

20 ___ ★ _____

_____

_____

_____

20 ___ ★ _____

_____

_____

_____

20 ___ ★ _____

_____

_____

_____

20 ___ ★ _____

_____

_____

_____

MARCH

27

When was the last time
you felt like you were
on top of the world?

20 ___ ★ _____

_____

_____

_____

20 ___ ★ _____

_____

_____

_____

20 ___ ★ _____

_____

_____

_____

20 ___ ★ _____

_____

_____

_____

20 ___ ★ _____

_____

_____

_____

28

MARCH

What do you want to
remember about today?

20 ___ ★ _____

_____

_____

20 ___ ★ _____

_____

_____

20 ___ ★ _____

_____

_____

20 ___ ★ _____

_____

_____

20 ___ ★ _____

_____

_____

Write down a few lines
from a song or poem that
you identify with today.

20 ___ ★ _____

_____

_____

_____

20 ___ ★ _____

_____

_____

_____

20 ___ ★ _____

_____

_____

_____

20 ___ ★ _____

_____

_____

_____

20 ___ ★ _____

_____

_____

_____

30

MARCH
Pick a color for today.

20 ___ ★ _____

_____

_____

20 ___ ★ _____

_____

_____

20 ___ ★ _____

_____

_____

20 ___ ★ _____

_____

_____

20 ___ ★ _____

_____

_____

What inventions can you
not live without?

20 ___ ★ _____

_____

_____

_____

20 ___ ★ _____

_____

_____

_____

20 ___ ★ _____

_____

_____

_____

20 ___ ★ _____

_____

_____

_____

20 ___ ★ _____

_____

_____

_____

1

APRIL

Who are you fooling?

20 ___ ★ _____

_____

_____

_____

20 ___ ★ _____

_____

_____

_____

20 ___ ★ _____

_____

_____

_____

20 ___ ★ _____

_____

_____

_____

20 ___ ★ _____

_____

_____

_____

Who do you feel closest to?

20 ___ ★ _____

_____

_____

_____

20 ___ ★ _____

_____

_____

_____

20 ___ ★ _____

_____

_____

_____

20 ___ ★ _____

_____

_____

_____

20 ___ ★ _____

_____

_____

3

APRIL
Did you have fun today? Because?

20 ___ ★ _____

_____

_____

_____

20 ___ ★ _____

_____

_____

_____

20 ___ ★ _____

_____

_____

_____

20 ___ ★ _____

_____

_____

_____

20 ___ ★ _____

_____

_____

_____

If you could wish for one thing to
happen today, what would it be?

20 ___ ★ _____

_____

_____

_____

20 ___ ★ _____

_____

_____

_____

20 ___ ★ _____

_____

_____

_____

20 ___ ★ _____

_____

_____

_____

20 ___ ★ _____

_____

_____

_____

5

APRIL

_____ was inspiring.

20 ___ ★ _____
_____
_____
_____

20 ___ ★ _____
_____
_____
_____

20 ___ ★ _____
_____
_____
_____

20 ___ ★ _____
_____
_____
_____

20 ___ ★ _____
_____
_____
_____

What was the last take-
out meal you ordered?

20 ___ ★ _____

20 ___ ★ _____

20 ___ ★ _____

20 ___ ★ _____

20 ___ ★ _____

7

APRIL
What colors are you wearing?

20 ___ ★ _____

_____

_____

_____

20 ___ ★ _____

_____

_____

_____

20 ___ ★ _____

_____

_____

_____

20 ___ ★ _____

_____

_____

_____

20 ___ ★ _____

_____

_____

_____

What is your secret passion?

20 ___ ★ _____

20 ___ ★ _____

20 ___ ★ _____

20 ___ ★ _____

20 ___ ★ _____

9

APRIL
Where do you feel most at home?

20 —— ★ _____
_____
_____
_____

20 —— ★ _____
_____
_____
_____

20 —— ★ _____
_____
_____
_____

20 —— ★ _____
_____
_____
_____

20 —— ★ _____
_____
_____
_____

20 ___ ★ _____

_____

_____

_____

20 ___ ★ _____

_____

_____

_____

20 ___ ★ _____

_____

_____

_____

20 ___ ★ _____

_____

_____

_____

20 ___ ★ _____

_____

_____

_____

11

APRIL

What sound effect are you most like today?

20 ___ ★ _____

20 ___ ★ _____

20 ___ ★ _____

20 ___ ★ _____

20 ___ ★ _____

20 ___ ★ _____

_____

_____

_____

20 ___ ★ _____

_____

_____

_____

20 ___ ★ _____

_____

_____

_____

20 ___ ★ _____

_____

_____

_____

20 ___ ★ _____

_____

_____

_____

13

What is your favorite thing to
do on a Sunday morning?

20 ___ ★ _____

_____

_____

_____

20 ___ ★ _____

_____

_____

_____

20 ___ ★ _____

_____

_____

_____

20 ___ ★ _____

_____

_____

_____

20 ___ ★ _____

_____

_____

_____

If you could acquire a talent
(without any extra effort),
what would it be?

20 ___ ★ _____

_____

_____

_____

20 ___ ★ _____

_____

_____

_____

20 ___ ★ _____

_____

_____

_____

20 ___ ★ _____

_____

_____

_____

20 ___ ★ _____

_____

_____

_____

15

APRIL
Which celebrity would
you want to interview?

20 ___ ★ _____

_____

_____

_____

20 ___ ★ _____

_____

_____

_____

20 ___ ★ _____

_____

_____

_____

20 ___ ★ _____

_____

_____

_____

20 ___ ★ _____

_____

_____

_____

20 ___ ★ _____

_____

_____

_____

20 ___ ★ _____

_____

_____

_____

20 ___ ★ _____

_____

_____

_____

20 ___ ★ _____

_____

_____

_____

20 ___ ★ _____

_____

_____

_____

17

APRIL

What do you think is your
biggest shortcoming?

20 __ ★ _____

20 __ ★ _____

20 __ ★ _____

20 __ ★ _____

20 __ ★ _____

20 ___ ★ _____

_____

_____

_____

20 ___ ★ _____

_____

_____

_____

20 ___ ★ _____

_____

_____

_____

20 ___ ★ _____

_____

_____

_____

20 ___ ★ _____

_____

_____

_____

19

APRIL
What famous person would
you bring back from the
dead to have dinner with?

20 __ ★ _____

_____

_____

_____

20 __ ★ _____

_____

_____

_____

20 __ ★ _____

_____

_____

_____

20 __ ★ _____

_____

_____

_____

20 __ ★ _____

_____

_____

_____

How many times did
you curse today?

20 —— ★ _____

_____

_____

_____

20 —— ★ _____

_____

_____

_____

20 —— ★ _____

_____

_____

_____

20 —— ★ _____

_____

_____

_____

20 —— ★ _____

_____

_____

_____

21

APRIL

What do you want to say when
someone asks "What do you do"?

20 ___ ★ _____

_____

_____

_____

20 ___ ★ _____

_____

_____

_____

20 ___ ★ _____

_____

_____

_____

20 ___ ★ _____

_____

_____

_____

20 ___ ★ _____

_____

_____

You wish you could stop
_____ from happening.

20 ___ ★ _____

_____

_____

_____

20 ___ ★ _____

_____

_____

_____

20 ___ ★ _____

_____

_____

_____

20 ___ ★ _____

_____

_____

_____

20 ___ ★ _____

_____

_____

_____

23

APRIL

How would your parents describe you? (You can call them and ask.)

20 ___ ★ _____

_____

_____

_____

20 ___ ★ _____

_____

_____

_____

20 ___ ★ _____

_____

_____

_____

20 ___ ★ _____

_____

_____

_____

20 ___ ★ _____

_____

_____

_____

24

Is life fair? Yes? No?
Sometimes? Not today?

20 ___ ★ _____

_____

_____

_____

20 ___ ★ _____

_____

_____

_____

20 ___ ★ _____

_____

_____

_____

20 ___ ★ _____

_____

_____

_____

20 ___ ★ _____

_____

_____

_____

25

APRIL

Who do you need to call?

20 ___ ★ _____

_____

_____

_____

20 ___ ★ _____

_____

_____

_____

20 ___ ★ _____

_____

_____

_____

20 ___ ★ _____

_____

_____

_____

20 ___ ★ _____

_____

_____

_____

20 ___ ★ _____

_____

_____

_____

20 ___ ★ _____

_____

_____

_____

20 ___ ★ _____

_____

_____

_____

20 ___ ★ _____

_____

_____

_____

20 ___ ★ _____

_____

_____

_____

27

APRIL

What "type" of person are you?

20 ___ ★ _____

_____

_____

_____

20 ___ ★ _____

_____

_____

_____

20 ___ ★ _____

_____

_____

_____

20 ___ ★ _____

_____

_____

_____

20 ___ ★ _____

_____

_____

_____

Who would you trade places
with for just one day?

20 ___ ★ _____

_____

_____

_____

20 ___ ★ _____

_____

_____

_____

20 ___ ★ _____

_____

_____

_____

20 ___ ★ _____

_____

_____

_____

20 ___ ★ _____

_____

_____

_____

29

APRIL

Who can you make happier? How?

20 _____ ★ _____

_____

_____

_____

20 _____ ★ _____

_____

_____

_____

20 _____ ★ _____

_____

_____

_____

20 _____ ★ _____

_____

_____

_____

20 _____ ★ _____

_____

_____

_____

What are three words to describe your social life?

20 ___ ★ _____

_____

_____

_____

20 ___ ★ _____

_____

_____

_____

20 ___ ★ _____

_____

_____

_____

20 ___ ★ _____

_____

_____

_____

20 ___ ★ _____

_____

_____

_____

1

MAY

Messy or neat?

20 ___ ★ _____

_____

_____

_____

20 ___ ★ _____

_____

_____

_____

20 ___ ★ _____

_____

_____

_____

20 ___ ★ _____

_____

_____

_____

20 ___ ★ _____

_____

_____

_____

20 ___ ★ _____

_____

_____

_____

20 ___ ★ _____

_____

_____

_____

20 ___ ★ _____

_____

_____

_____

20 ___ ★ _____

_____

_____

_____

20 ___ ★ _____

_____

_____

_____

3

MAY

If you could have a superpower
just for today, what would it be?

20 ___ ★ _____

20 ___ ★ _____

20 ___ ★ _____

20 ___ ★ _____

20 ___ ★ _____

MAY

4

When was the last time
you went swimming?

20 ___ ★ _____

_____

_____

_____

20 ___ ★ _____

_____

_____

_____

20 ___ ★ _____

_____

_____

_____

20 ___ ★ _____

_____

_____

_____

20 ___ ★ _____

_____

_____

_____

5

MAY

Today was hilarious
because _____.

20 __ ★ _____
_____
_____
_____

20 __ ★ _____
_____
_____
_____

20 __ ★ _____
_____
_____
_____

20 __ ★ _____
_____
_____
_____

20 __ ★ _____
_____
_____
_____

20 ___ ★ _____

_____

_____

_____

20 ___ ★ _____

_____

_____

_____

20 ___ ★ _____

_____

_____

_____

20 ___ ★ _____

_____

_____

_____

20 ___ ★ _____

_____

_____

_____

7

MAY

Who would play you in a movie
about your life? Is it a good movie?

20 ___ ★ _____
_____
_____
_____

20 ___ ★ _____
_____
_____
_____

20 ___ ★ _____
_____
_____
_____

20 ___ ★ _____
_____
_____
_____

20 ___ ★ _____
_____
_____
_____

Who do you think is cute?

20 __ ★ _____

_____

_____

_____

20 __ ★ _____

_____

_____

_____

20 __ ★ _____

_____

_____

_____

20 __ ★ _____

_____

_____

_____

20 __ ★ _____

_____

_____

_____

9

MAY

What do you want to postpone?

20 ___ ★ _____
_____
_____
_____

20 ___ ★ _____
_____
_____
_____

20 ___ ★ _____
_____
_____
_____

20 ___ ★ _____
_____
_____
_____

20 ___ ★ _____
_____
_____
_____

How did you start your day?

20 ___ ★ _____

_____

_____

_____

20 ___ ★ _____

_____

_____

_____

20 ___ ★ _____

_____

_____

_____

20 ___ ★ _____

_____

_____

_____

20 ___ ★ _____

_____

_____

_____

11

MAY

How do you want to
be remembered?

20 ___ ★ _____

_____

_____

_____

20 ___ ★ _____

_____

_____

_____

20 ___ ★ _____

_____

_____

_____

20 ___ ★ _____

_____

_____

_____

20 ___ ★ _____

_____

_____

_____

20 ___ ★ _____

_____

_____

_____

20 ___ ★ _____

_____

_____

_____

20 ___ ★ _____

_____

_____

_____

20 ___ ★ _____

_____

_____

_____

20 ___ ★ _____

_____

_____

_____

13

MAY

Who loves you today?

20 ___ ★ _____

_____

_____

20 ___ ★ _____

_____

_____

20 ___ ★ _____

_____

_____

20 ___ ★ _____

_____

_____

20 ___ ★ _____

_____

_____

20 _____ ★ _____

_____

_____

_____

20 _____ ★ _____

_____

_____

_____

20 _____ ★ _____

_____

_____

_____

20 _____ ★ _____

_____

_____

_____

20 _____ ★ _____

_____

_____

_____

15

MAY

What do you consider to be
your biggest achievement?

20 ___ ★ _____

_____

_____

_____

20 ___ ★ _____

_____

_____

_____

20 ___ ★ _____

_____

_____

_____

20 ___ ★ _____

_____

_____

_____

20 ___ ★ _____

_____

_____

_____

20 ___ ★ _____

_____

_____

_____

20 ___ ★ _____

_____

_____

_____

20 ___ ★ _____

_____

_____

_____

20 ___ ★ _____

_____

_____

_____

20 ___ ★ _____

_____

_____

_____

17

MAY

Today you got rid of _____.

20 ___ ★ _____

_____

_____

_____

20 ___ ★ _____

_____

_____

_____

20 ___ ★ _____

_____

_____

_____

20 ___ ★ _____

_____

_____

_____

20 ___ ★ _____

_____

_____

_____

18

If you could go back in
time and change something,
what would it be?

20 ___ ★ _____

20 ___ ★ _____

20 ___ ★ _____

20 ___ ★ _____

20 ___ ★ _____

19

MAY

What's the most creative thing you've done recently?

20 ___ ★ _____

_____

_____

20 ___ ★ _____

_____

_____

20 ___ ★ _____

_____

_____

20 ___ ★ _____

_____

_____

20 ___ ★ _____

_____

_____

What's the craziest thing
you've done for love?

20 ___ ★ _____

_____

_____

_____

20 ___ ★ _____

_____

_____

_____

20 ___ ★ _____

_____

_____

_____

20 ___ ★ _____

_____

_____

_____

20 ___ ★ _____

_____

_____

_____

21

What's your salary?

20 ___ ★ _____

_____

_____

_____

20 ___ ★ _____

_____

_____

_____

20 ___ ★ _____

_____

_____

_____

20 ___ ★ _____

_____

_____

_____

20 ___ ★ _____

_____

_____

_____

When was the last time you
had an inspiring conversation?

20 ___ ★ _____

_____

_____

_____

20 ___ ★ _____

_____

_____

_____

20 ___ ★ _____

_____

_____

_____

20 ___ ★ _____

_____

_____

_____

20 ___ ★ _____

_____

_____

_____

23

What's your hairstyle?

20 _____ ★ _____

_____

_____

_____

20 _____ ★ _____

_____

_____

_____

20 _____ ★ _____

_____

_____

_____

20 _____ ★ _____

_____

_____

_____

20 _____ ★ _____

_____

_____

_____

What motivated you today?

24

20 ___ ★ _____

_____

_____

_____

20 ___ ★ _____

_____

_____

_____

20 ___ ★ _____

_____

_____

_____

20 ___ ★ _____

_____

_____

_____

20 ___ ★ _____

_____

_____

_____

25

MAY

If you could travel
anywhere tomorrow,
where would you go?

20 ___ ★ _____

_____

_____

20 ___ ★ _____

_____

_____

20 ___ ★ _____

_____

_____

20 ___ ★ _____

_____

_____

20 ___ ★ _____

_____

_____

MAY

26

List the things that
nagged you today.

20 ___ ★ _____

_____

_____

_____

20 ___ ★ _____

_____

_____

_____

20 ___ ★ _____

_____

_____

_____

20 ___ ★ _____

_____

_____

_____

20 ___ ★ _____

_____

_____

_____

27

MAY

What gives you comfort
right now?

20 —— ★ _____

_____

_____

_____

20 —— ★ _____

_____

_____

_____

20 —— ★ _____

_____

_____

_____

20 —— ★ _____

_____

_____

_____

20 —— ★ _____

_____

_____

_____

MAY

28

East Coast or West
Coast? In between?

20 ___ ★ _____

_____

_____

_____

20 ___ ★ _____

_____

_____

_____

20 ___ ★ _____

_____

_____

_____

20 ___ ★ _____

_____

_____

_____

20 ___ ★ _____

_____

_____

_____

29

If you didn't have any
responsibilities for the day,
what would you do?

20 __ ★ _____

_____

_____

_____

20 __ ★ _____

_____

_____

_____

20 __ ★ _____

_____

_____

_____

20 __ ★ _____

_____

_____

_____

20 __ ★ _____

_____

_____

_____

20 _____ ★ _____

_____

_____

_____

20 _____ ★ _____

_____

_____

_____

20 _____ ★ _____

_____

_____

_____

20 _____ ★ _____

_____

_____

_____

20 _____ ★ _____

_____

_____

_____

31

MAY

How much cash do you have in your wallet? In your bank account?

20 ___ ★ _____

_____

_____

20 ___ ★ _____

_____

_____

20 ___ ★ _____

_____

_____

20 ___ ★ _____

_____

_____

20 ___ ★ _____

_____

_____

On a scale of one to ten,
how healthy are you?

20 ___ ★ _____

_____

_____

_____

20 ___ ★ _____

_____

_____

_____

20 ___ ★ _____

_____

_____

_____

20 ___ ★ _____

_____

_____

_____

20 ___ ★ _____

_____

_____

_____

2

JUNE
Should you trust your instincts?

20 ___ ★ _____

_____

_____

_____

20 ___ ★ _____

_____

_____

_____

20 ___ ★ _____

_____

_____

_____

20 ___ ★ _____

_____

_____

_____

20 ___ ★ _____

_____

_____

_____

Who do you miss the most right now?

20 ___ ★ _____

_____

_____

20 ___ ★ _____

_____

_____

20 ___ ★ _____

_____

_____

20 ___ ★ _____

_____

_____

20 ___ ★ _____

_____

_____

4

JUNE
Today you wore _____.

20 ___ ★ _____
_____
_____
_____

20 ___ ★ _____
_____
_____
_____

20 ___ ★ _____
_____
_____
_____

20 ___ ★ _____
_____
_____
_____

20 ___ ★ _____
_____
_____
_____

What was the last fruit you ate?

20 ___ ★ _____

_____

_____

_____

20 ___ ★ _____

_____

_____

_____

20 ___ ★ _____

_____

_____

_____

20 ___ ★ _____

_____

_____

_____

20 ___ ★ _____

_____

_____

_____

6

JUNE

Which family member
are you closest to?

20 ___ ★ _____

_____

_____

20 ___ ★ _____

_____

_____

20 ___ ★ _____

_____

_____

20 ___ ★ _____

_____

_____

20 ___ ★ _____

_____

_____

20 _____ ★ _____

_____

_____

_____

20 _____ ★ _____

_____

_____

_____

20 _____ ★ _____

_____

_____

_____

20 _____ ★ _____

_____

_____

_____

20 _____ ★ _____

_____

_____

_____

8

JUNE

What makes you miserable?

20 ___ ★ _____

_____

_____

_____

20 ___ ★ _____

_____

_____

_____

20 ___ ★ _____

_____

_____

_____

20 ___ ★ _____

_____

_____

_____

20 ___ ★ _____

_____

_____

_____

What makes a good friend?

20 ___ ★ _____

_____

_____

_____

20 ___ ★ _____

_____

_____

_____

20 ___ ★ _____

_____

_____

_____

20 ___ ★ _____

_____

_____

_____

20 ___ ★ _____

_____

_____

_____

10

JUNE

How many cups of coffee
did you drink today?

20 ___ ★ _____

_____

_____

_____

20 ___ ★ _____

_____

_____

_____

20 ___ ★ _____

_____

_____

_____

20 ___ ★ _____

_____

_____

_____

20 ___ ★ _____

_____

_____

_____

What is your favorite thing
to do on a Friday night?

11

20 —— ★ _____

_____

_____

_____

20 —— ★ _____

_____

_____

_____

20 —— ★ _____

_____

_____

_____

20 —— ★ _____

_____

_____

_____

20 —— ★ _____

_____

_____

_____

12

JUNE

Is something in your way?
Can you move it?

20 —— ★ _____

_____

_____

_____

20 —— ★ _____

_____

_____

_____

20 —— ★ _____

_____

_____

_____

20 —— ★ _____

_____

_____

_____

20 —— ★ _____

_____

_____

_____

20 ___ ★ _____
_____
_____
_____

20 ___ ★ _____
_____
_____
_____

20 ___ ★ _____
_____
_____
_____

20 ___ ★ _____
_____
_____
_____

20 ___ ★ _____
_____
_____
_____

14

JUNE

Did you exercise today?

20 ___ ★ _____

_____

_____

_____

20 ___ ★ _____

_____

_____

_____

20 ___ ★ _____

_____

_____

_____

20 ___ ★ _____

_____

_____

_____

20 ___ ★ _____

_____

_____

_____

What's your favorite gadget?

20 ___ ★ _____

_____

_____

_____

20 ___ ★ _____

_____

_____

_____

20 ___ ★ _____

_____

_____

_____

20 ___ ★ _____

_____

_____

_____

20 ___ ★ _____

_____

_____

_____

16

What makes you cynical?

20 ___ ★ _____

_____

_____

_____

20 ___ ★ _____

_____

_____

_____

20 ___ ★ _____

_____

_____

_____

20 ___ ★ _____

_____

_____

_____

20 ___ ★ _____

_____

_____

_____

JUNE 17

The best hour of today
was _____. Why?

20 ___ ★ _____

_____

_____

_____

20 ___ ★ _____

_____

_____

_____

20 ___ ★ _____

_____

_____

_____

20 ___ ★ _____

_____

_____

_____

20 ___ ★ _____

_____

_____

_____

18

JUNE

What's the last meal someone cooked for you?

20 ___ ★ _____

_____

_____

_____

20 ___ ★ _____

_____

_____

_____

20 ___ ★ _____

_____

_____

_____

20 ___ ★ _____

_____

_____

_____

20 ___ ★ _____

_____

_____

_____

JUNE

19

What was the last personal
letter you received?

20 ___ ★ _____

_____

_____

_____

20 ___ ★ _____

_____

_____

_____

20 ___ ★ _____

_____

_____

_____

20 ___ ★ _____

_____

_____

_____

20 ___ ★ _____

_____

_____

_____

20

JUNE

Write the first sentence
of your autobiography.

20 ___ ★ _____

_____

_____

_____

20 ___ ★ _____

_____

_____

_____

20 ___ ★ _____

_____

_____

_____

20 ___ ★ _____

_____

_____

_____

20 ___ ★ _____

_____

_____

_____

20 ___ ★ _____

_____

_____

_____

20 ___ ★ _____

_____

_____

_____

20 ___ ★ _____

_____

_____

_____

20 ___ ★ _____

_____

_____

_____

20 ___ ★ _____

_____

_____

_____

22

JUNE

What's the last movie you saw in a theater?

20 ___ ★ _____

_____

_____

_____

20 ___ ★ _____

_____

_____

_____

20 ___ ★ _____

_____

_____

_____

20 ___ ★ _____

_____

_____

_____

20 ___ ★ _____

_____

_____

20 ___ ★ _____

_____

_____

_____

20 ___ ★ _____

_____

_____

_____

20 ___ ★ _____

_____

_____

_____

20 ___ ★ _____

_____

_____

_____

20 ___ ★ _____

_____

_____

_____

24

JUNE

What's your next social engagement?

20 ___ ★ _____

20 ___ ★ _____

20 ___ ★ _____

20 ___ ★ _____

20 ___ ★ _____

JUNE 25

Who is your closest
companion?

20 ___ ★ _____
_____
_____
_____

20 ___ ★ _____
_____
_____
_____

20 ___ ★ _____
_____
_____
_____

20 ___ ★ _____
_____
_____
_____

20 ___ ★ _____
_____
_____
_____

26

JUNE

What's your biggest
indulgence?

20 ___ ★ _____

_____

_____

20 ___ ★ _____

_____

_____

20 ___ ★ _____

_____

_____

20 ___ ★ _____

_____

_____

20 ___ ★ _____

_____

_____

When was the last time you
ate pizza? What kind?

20 ___ ★ _____

_____

_____

_____

20 ___ ★ _____

_____

_____

_____

20 ___ ★ _____

_____

_____

_____

20 ___ ★ _____

_____

_____

_____

20 ___ ★ _____

_____

_____

_____

28

JUNE

If your mood were a weather forecast, you'd be _____.

20 ___ ★ _____

_____

_____

20 ___ ★ _____

_____

_____

20 ___ ★ _____

_____

_____

20 ___ ★ _____

_____

_____

20 ___ ★ _____

_____

_____

What are the top songs on
your "recently played" list?

20 ___ ★ _____

_____

_____

_____

20 ___ ★ _____

_____

_____

_____

20 ___ ★ _____

_____

_____

_____

20 ___ ★ _____

_____

_____

_____

20 ___ ★ _____

_____

_____

_____

30

JUNE

What can you live
without right now?

20 —— ★ _____
_____
_____
_____

20 —— ★ _____
_____
_____
_____

20 —— ★ _____
_____
_____
_____

20 —— ★ _____
_____
_____
_____

20 —— ★ _____
_____
_____
_____

20 ___ ★ _____

_____

_____

_____

20 ___ ★ _____

_____

_____

_____

20 ___ ★ _____

_____

_____

_____

20 ___ ★ _____

_____

_____

_____

20 ___ ★ _____

_____

_____

_____

2

JULY

Today you cancelled _____.

20 ___ ★ _____

_____

_____

_____

20 ___ ★ _____

_____

_____

_____

20 ___ ★ _____

_____

_____

_____

20 ___ ★ _____

_____

_____

_____

20 ___ ★ _____

_____

_____

_____

What was the last beach you went to?

20 ___ ★ _____

_____

_____

_____

20 ___ ★ _____

_____

_____

_____

20 ___ ★ _____

_____

_____

_____

20 ___ ★ _____

_____

_____

_____

20 ___ ★ _____

_____

_____

_____

4

JULY

_____ is funny.

20 ___ ★ _____
_____
_____
_____

20 ___ ★ _____
_____
_____
_____

20 ___ ★ _____
_____
_____
_____

20 ___ ★ _____
_____
_____
_____

20 ___ ★ _____
_____
_____
_____

20 ___ ★ _____

_____

_____

_____

20 ___ ★ _____

_____

_____

_____

20 ___ ★ _____

_____

_____

_____

20 ___ ★ _____

_____

_____

_____

20 ___ ★ _____

_____

_____

_____

6

JULY

Who is your best friend?

20 ___ ★ _____

_____

_____

_____

20 ___ ★ _____

_____

_____

_____

20 ___ ★ _____

_____

_____

_____

20 ___ ★ _____

_____

_____

_____

20 ___ ★ _____

_____

_____

_____

20 ___ ★ _____

_____

_____

_____

20 ___ ★ _____

_____

_____

_____

20 ___ ★ _____

_____

_____

_____

20 ___ ★ _____

_____

_____

_____

20 ___ ★ _____

_____

_____

_____

8

JULY
What do you have to lose?

20 —— ★ _____

_____

_____

_____

20 —— ★ _____

_____

_____

_____

20 —— ★ _____

_____

_____

_____

20 —— ★ _____

_____

_____

_____

20 —— ★ _____

_____

_____

_____

20 ___ ★ _____

_____

_____

_____

20 ___ ★ _____

_____

_____

_____

20 ___ ★ _____

_____

_____

_____

20 ___ ★ _____

_____

_____

_____

20 ___ ★ _____

_____

_____

_____

10

JULY

When was the last time you
spoke to your parents?

20 ___ ★ _____

_____

_____

_____

20 ___ ★ _____

_____

_____

_____

20 ___ ★ _____

_____

_____

_____

20 ___ ★ _____

_____

_____

_____

20 ___ ★ _____

_____

_____

_____

20 ___ ★ _____

_____

_____

_____

20 ___ ★ _____

_____

_____

_____

20 ___ ★ _____

_____

_____

_____

20 ___ ★ _____

_____

_____

_____

20 ___ ★ _____

_____

_____

_____

12

_____ is perfect.

20 ___ ★ _____

_____

_____

_____

20 ___ ★ _____

_____

_____

_____

20 ___ ★ _____

_____

_____

_____

20 ___ ★ _____

_____

_____

_____

20 ___ ★ _____

_____

_____

_____

JULY

13

What are you sentimental about?

20 _____ ★ _____

_____

_____

_____

20 _____ ★ _____

_____

_____

_____

20 _____ ★ _____

_____

_____

_____

20 _____ ★ _____

_____

_____

_____

20 _____ ★ _____

_____

_____

_____

14

JULY

Do you have a secret?
More than one?

20 ___ ★ _____

_____

_____

_____

20 ___ ★ _____

_____

_____

_____

20 ___ ★ _____

_____

_____

_____

20 ___ ★ _____

_____

_____

_____

20 ___ ★ _____

_____

_____

JULY

15

What is your heroic downfall?
Your Achilles' heel?

20 ___ ★ _____

_____

_____

_____

20 ___ ★ _____

_____

_____

_____

20 ___ ★ _____

_____

_____

_____

20 ___ ★ _____

_____

_____

_____

20 ___ ★ _____

_____

_____

_____

16

JULY
Are you wearing socks?

20 ___ ★ _____

20 ___ ★ _____

20 ___ ★ _____

20 ___ ★ _____

20 ___ ★ _____

20 ___ ★ _____

_____

_____

_____

20 ___ ★ _____

_____

_____

_____

20 ___ ★ _____

_____

_____

_____

20 ___ ★ _____

_____

_____

_____

20 ___ ★ _____

_____

_____

_____

18

JULY

What are the ingredients
for a perfect day?

20 ___ ★ _____

_____

_____

_____

20 ___ ★ _____

_____

_____

_____

20 ___ ★ _____

_____

_____

_____

20 ___ ★ _____

_____

_____

_____

20 ___ ★ _____

_____

_____

_____

19

What do you need to throw away?

20 ___ ★ _____

_____

_____

_____

20 ___ ★ _____

_____

_____

_____

20 ___ ★ _____

_____

_____

_____

20 ___ ★ _____

_____

_____

_____

20 ___ ★ _____

_____

_____

_____

20

JULY
Does anything hurt today?

20 —— ★ _____
_____
_____
_____

20 —— ★ _____
_____
_____
_____

20 —— ★ _____
_____
_____
_____

20 —— ★ _____
_____
_____
_____

20 —— ★ _____
_____
_____
_____

JULY

21

Who was the last person
to make you angry?

20 __ ★ _____

_____

_____

_____

20 __ ★ _____

_____

_____

_____

20 __ ★ _____

_____

_____

_____

20 __ ★ _____

_____

_____

_____

20 __ ★ _____

_____

_____

_____

22

Where do you go
for good ideas?

20 —— ★ _____

_____

_____

_____

20 —— ★ _____

_____

_____

_____

20 —— ★ _____

_____

_____

_____

20 —— ★ _____

_____

_____

_____

20 —— ★ _____

_____

_____

_____

20 ___ ★ _____

_____

_____

_____

20 ___ ★ _____

_____

_____

_____

20 ___ ★ _____

_____

_____

_____

20 ___ ★ _____

_____

_____

_____

20 ___ ★ _____

_____

_____

_____

24

JULY
What's in your fridge?

20 ___ ★ _____

_____

_____

_____

20 ___ ★ _____

_____

_____

_____

20 ___ ★ _____

_____

_____

_____

20 ___ ★ _____

_____

_____

_____

20 ___ ★ _____

_____

_____

_____

JULY

25

If you could hire any artist
(living or dead) to paint your
portrait, who would you pick?

20 ___ ★ _____

_____

_____

_____

20 ___ ★ _____

_____

_____

_____

20 ___ ★ _____

_____

_____

_____

20 ___ ★ _____

_____

_____

_____

20 ___ ★ _____

_____

_____

_____

26

JULY

Are you working hard
or hardly working?

20 ___ ★ _____

_____

_____

_____

20 ___ ★ _____

_____

_____

_____

20 ___ ★ _____

_____

_____

_____

20 ___ ★ _____

_____

_____

_____

20 ___ ★ _____

_____

_____

_____

20 ___ ★ _____

_____

_____

_____

20 ___ ★ _____

_____

_____

_____

20 ___ ★ _____

_____

_____

_____

20 ___ ★ _____

_____

_____

_____

20 ___ ★ _____

_____

_____

_____

28

JULY

Write a phrase to describe
your year so far.

20 ___ ★ _____

_____

_____

_____

20 ___ ★ _____

_____

_____

_____

20 ___ ★ _____

_____

_____

_____

20 ___ ★ _____

_____

_____

_____

20 ___ ★ _____

_____

_____

_____

JULY
29

What was the last road
trip you took?

20 ___ ★ _____

_____

_____

_____

20 ___ ★ _____

_____

_____

_____

20 ___ ★ _____

_____

_____

_____

20 ___ ★ _____

_____

_____

_____

20 ___ ★ _____

_____

_____

_____

30

JULY

Today was unusual
because _____.

20 ___ ★ _____

_____

_____

_____

20 ___ ★ _____

_____

_____

_____

20 ___ ★ _____

_____

_____

_____

20 ___ ★ _____

_____

_____

_____

20 ___ ★ _____

_____

_____

_____

Today were you a wallflower
or a social butterfly?

20 ___ ★ _____

_____

_____

20 ___ ★ _____

_____

_____

20 ___ ★ _____

_____

_____

20 ___ ★ _____

_____

_____

20 ___ ★ _____

_____

_____

1

AUGUST

Do you need a cold shower?

20 ___ ★ _____

20 ___ ★ _____

20 ___ ★ _____

20 ___ ★ _____

20 ___ ★ _____

Describe the room you're
in right now.

20 ___ ★ _____

_____

_____

_____

20 ___ ★ _____

_____

_____

_____

20 ___ ★ _____

_____

_____

_____

20 ___ ★ _____

_____

_____

_____

20 ___ ★ _____

_____

_____

_____

3

AUGUST
What do you lie about?

20 ___ ★ _____

_____

_____

_____

20 ___ ★ _____

_____

_____

_____

20 ___ ★ _____

_____

_____

_____

20 ___ ★ _____

_____

_____

_____

20 ___ ★ _____

_____

_____

_____

When was the last time you
were on an airplane?

20 ___ ★ _____

_____

_____

_____

20 ___ ★ _____

_____

_____

_____

20 ___ ★ _____

_____

_____

_____

20 ___ ★ _____

_____

_____

_____

20 ___ ★ _____

_____

_____

_____

5

AUGUST

Today you destroyed _____.

20 ___ ★ _____

_____

_____

_____

20 ___ ★ _____

_____

_____

_____

20 ___ ★ _____

_____

_____

_____

20 ___ ★ _____

_____

_____

_____

20 ___ ★ _____

_____

_____

_____

20 ___ ⋆ _____

_____

_____

_____

20 ___ ⋆ _____

_____

_____

_____

20 ___ ⋆ _____

_____

_____

_____

20 ___ ⋆ _____

_____

_____

_____

20 ___ ⋆ _____

_____

_____

_____

7

AUGUST

What was your last great meal?

20 —— ★ _____

_____

_____

20 —— ★ _____

_____

_____

20 —— ★ _____

_____

_____

20 —— ★ _____

_____

_____

20 —— ★ _____

_____

_____

Do you make enough money?

20 ___ ★ _____

_____

_____

_____

20 ___ ★ _____

_____

_____

_____

20 ___ ★ _____

_____

_____

_____

20 ___ ★ _____

_____

_____

_____

20 ___ ★ _____

_____

_____

_____

9

AUGUST

Write down your last
sent text message.

20 ___ ★ _____

_____

_____

_____

20 ___ ★ _____

_____

_____

_____

20 ___ ★ _____

_____

_____

_____

20 ___ ★ _____

_____

_____

_____

20 ___ ★ _____

_____

_____

_____

AUGUST

10

What are you running
from at this moment?

20 ___ ★ _____

_____

_____

_____

20 ___ ★ _____

_____

_____

_____

20 ___ ★ _____

_____

_____

_____

20 ___ ★ _____

_____

_____

_____

20 ___ ★ _____

_____

_____

_____

11

AUGUST

How many stamps are
in your passport?

20 ___ ★ _____

_____

_____

_____

20 ___ ★ _____

_____

_____

_____

20 ___ ★ _____

_____

_____

_____

20 ___ ★ _____

_____

_____

_____

20 ___ ★ _____

_____

_____

_____

20 ___ ★ _____

_____

_____

_____

20 ___ ★ _____

_____

_____

_____

20 ___ ★ _____

_____

_____

_____

20 ___ ★ _____

_____

_____

_____

20 ___ ★ _____

_____

_____

_____

13

AUGUST

What is your favorite thing to
do on a Saturday morning?

20 ___ ★ _____

_____

_____

20 ___ ★ _____

_____

_____

20 ___ ★ _____

_____

_____

20 ___ ★ _____

_____

_____

20 ___ ★ _____

_____

_____

20 —— ★ _____

_____

_____

_____

20 —— ★ _____

_____

_____

_____

20 —— ★ _____

_____

_____

_____

20 —— ★ _____

_____

_____

_____

20 —— ★ _____

_____

_____

_____

15

AUGUST

What do you like best
about your body today?

20 ___ ★ _____

_____

_____

_____

20 ___ ★ _____

_____

_____

_____

20 ___ ★ _____

_____

_____

_____

20 ___ ★ _____

_____

_____

_____

20 ___ ★ _____

_____

_____

_____

20 ___ ★ _____

_____

_____

_____

20 ___ ★ _____

_____

_____

_____

20 ___ ★ _____

_____

_____

_____

20 ___ ★ _____

_____

_____

_____

20 ___ ★ _____

_____

_____

_____

17

AUGUST

If you had to spend five years in prison, what would you finally have the chance to do?

20 __ ★ _____

_____

_____

_____

20 __ ★ _____

_____

_____

_____

20 __ ★ _____

_____

_____

_____

20 __ ★ _____

_____

_____

_____

20 __ ★ _____

_____

_____

What's your favorite
piece of clothing?

20 ___ ★ _____

_____

_____

_____

20 ___ ★ _____

_____

_____

_____

20 ___ ★ _____

_____

_____

_____

20 ___ ★ _____

_____

_____

_____

20 ___ ★ _____

_____

_____

_____

19

AUGUST

_____ really
bothered you today.

20 ___ ★ _____

20 ___ ★ _____

20 ___ ★ _____

20 ___ ★ _____

20 ___ ★ _____

20 ___ ★ _____

_____

_____

_____

20 ___ ★ _____

_____

_____

_____

20 ___ ★ _____

_____

_____

_____

20 ___ ★ _____

_____

_____

_____

20 ___ ★ _____

_____

_____

_____

21

AUGUST

In 140 characters or fewer,
summarize your day.

20 ___ ★ _____

_____

_____

_____

20 ___ ★ _____

_____

_____

_____

20 ___ ★ _____

_____

_____

_____

20 ___ ★ _____

_____

_____

_____

20 ___ ★ _____

_____

_____

_____

20 ___ ★ _____

_____

_____

_____

20 ___ ★ _____

_____

_____

_____

20 ___ ★ _____

_____

_____

_____

20 ___ ★ _____

_____

_____

_____

20 ___ ★ _____

_____

_____

_____

23

AUGUST

Yes or no: everyone should have a backup plan.

20 __ ★ _____

_____

_____

20 __ ★ _____

_____

_____

20 __ ★ _____

_____

_____

20 __ ★ _____

_____

_____

20 __ ★ _____

_____

_____

Write your recipe for creativity.

24

20 ___ ★ _____

_____

_____

_____

20 ___ ★ _____

_____

_____

_____

20 ___ ★ _____

_____

_____

_____

20 ___ ★ _____

_____

_____

_____

20 ___ ★ _____

_____

_____

_____

25

AUGUST

What would you like
to tell your father?

20 __ ★ _____

_____

_____

_____

20 __ ★ _____

_____

_____

_____

20 __ ★ _____

_____

_____

_____

20 __ ★ _____

_____

_____

_____

20 __ ★ _____

_____

_____

_____

AUGUST 26

What's the best part about
your life right now?

20 __ ★ _____

_____

_____

_____

20 __ ★ _____

_____

_____

_____

20 __ ★ _____

_____

_____

_____

20 __ ★ _____

_____

_____

_____

20 __ ★ _____

_____

_____

_____

27

AUGUST

When was the last time
you worked out?

20 ___ ★ _____

_____

_____

_____

20 ___ ★ _____

_____

_____

_____

20 ___ ★ _____

_____

_____

_____

20 ___ ★ _____

_____

_____

_____

20 ___ ★ _____

_____

_____

_____

20 ___ ★ _____

_____

_____

_____

20 ___ ★ _____

_____

_____

_____

20 ___ ★ _____

_____

_____

_____

20 ___ ★ _____

_____

_____

_____

20 ___ ★ _____

_____

_____

_____

29

AUGUST
What did you have for dinner?

20 ___ ★ _____

_____

_____

_____

20 ___ ★ _____

_____

_____

_____

20 ___ ★ _____

_____

_____

_____

20 ___ ★ _____

_____

_____

_____

20 ___ ★ _____

_____

_____

_____

What's your simplest pleasure?

20 ___ ★ _____

_____

_____

_____

20 ___ ★ _____

_____

_____

_____

20 ___ ★ _____

_____

_____

_____

20 ___ ★ _____

_____

_____

_____

20 ___ ★ _____

_____

_____

_____

31

AUGUST

What was the last wedding
you attended?

20 ___ ★ _____

_____

_____

20 ___ ★ _____

_____

_____

20 ___ ★ _____

_____

_____

20 ___ ★ _____

_____

_____

20 ___ ★ _____

_____

_____

Teacher or student?

20 ___ ★ _____

_____

_____

_____

20 ___ ★ _____

_____

_____

_____

20 ___ ★ _____

_____

_____

_____

20 ___ ★ _____

_____

_____

_____

20 ___ ★ _____

_____

_____

_____

2

SEPTEMBER
Is your home/apartment clean?

20 ___ ★ _____

_____

_____

_____

20 ___ ★ _____

_____

_____

_____

20 ___ ★ _____

_____

_____

_____

20 ___ ★ _____

_____

_____

_____

20 ___ ★ _____

_____

_____

_____

20 ___ ★ _____

_____

_____

_____

20 ___ ★ _____

_____

_____

_____

20 ___ ★ _____

_____

_____

_____

20 ___ ★ _____

_____

_____

_____

20 ___ ★ _____

_____

_____

_____

4

SEPTEMBER

Where do you see yourself
in five years?

20 ___ ★ _____

20 ___ ★ _____

20 ___ ★ _____

20 ___ ★ _____

20 ___ ★ _____

SEPTEMBER

Today you learned _____.

5

20 __ ★ _____
_____
_____
_____

20 __ ★ _____
_____
_____
_____

20 __ ★ _____
_____
_____
_____

20 __ ★ _____
_____
_____
_____

20 __ ★ _____
_____
_____
_____

6

SEPTEMBER

What was the last online
video clip you watched?

20 ___ ★ _____

_____

_____

_____

20 ___ ★ _____

_____

_____

_____

20 ___ ★ _____

_____

_____

_____

20 ___ ★ _____

_____

_____

_____

20 ___ ★ _____

_____

_____

_____

SEPTEMBER 7

What's the newest thing
you're wearing today?

20 ___ ★ _____

_____

_____

20 ___ ★ _____

_____

_____

20 ___ ★ _____

_____

_____

20 ___ ★ _____

_____

_____

20 ___ ★ _____

_____

_____

8

SEPTEMBER
Who are you jealous of?

20 ___ ★ _____

_____

_____

_____

20 ___ ★ _____

_____

_____

_____

20 ___ ★ _____

_____

_____

_____

20 ___ ★ _____

_____

_____

_____

20 ___ ★ _____

_____

_____

_____

20 ___ ★ _____

_____

_____

_____

20 ___ ★ _____

_____

_____

_____

20 ___ ★ _____

_____

_____

_____

20 ___ ★ _____

_____

_____

_____

20 ___ ★ _____

_____

_____

_____

10

SEPTEMBER

This is utterly confounding:
_____.

20 ___ ★ _____

_____

_____

_____

20 ___ ★ _____

_____

_____

_____

20 ___ ★ _____

_____

_____

_____

20 ___ ★ _____

_____

_____

_____

20 ___ ★ _____

_____

_____

_____

20 ___ ★ _____

_____

_____

_____

20 ___ ★ _____

_____

_____

_____

20 ___ ★ _____

_____

_____

_____

20 ___ ★ _____

_____

_____

_____

20 ___ ★ _____

_____

_____

_____

12

SEPTEMBER

What are you chasing
at this moment?

20 ___ ★ _____

_____

_____

_____

20 ___ ★ _____

_____

_____

_____

20 ___ ★ _____

_____

_____

_____

20 ___ ★ _____

_____

_____

_____

20 ___ ★ _____

_____

_____

_____

SEPTEMBER

13

Write down a minor, but
chronic, problem.

20 ___ ★ _____

_____

_____

_____

20 ___ ★ _____

_____

_____

_____

20 ___ ★ _____

_____

_____

_____

20 ___ ★ _____

_____

_____

_____

20 ___ ★ _____

_____

_____

_____

14

SEPTEMBER
Who can help you?

20 ___ ★ _____

_____

_____

_____

20 ___ ★ _____

_____

_____

_____

20 ___ ★ _____

_____

_____

_____

20 ___ ★ _____

_____

_____

_____

20 ___ ★ _____

_____

_____

_____

SEPTEMBER

15

Who are the most important
people in your life?

20 ___ ★ _____

_____

_____

_____

20 ___ ★ _____

_____

_____

_____

20 ___ ★ _____

_____

_____

_____

20 ___ ★ _____

_____

_____

_____

20 ___ ★ _____

_____

_____

_____

16

SEPTEMBER

What would you want
to study at school?

20 ___ ★ _____

_____

_____

_____

20 ___ ★ _____

_____

_____

_____

20 ___ ★ _____

_____

_____

_____

20 ___ ★ _____

_____

_____

_____

20 ___ ★ _____

_____

_____

20 ___ ★ _____

_____

_____

_____

20 ___ ★ _____

_____

_____

_____

20 ___ ★ _____

_____

_____

_____

20 ___ ★ _____

_____

_____

_____

20 ___ ★ _____

_____

_____

_____

18

SEPTEMBER

A decision you made
today _____.

20 ___ ★ _____

_____

_____

_____

20 ___ ★ _____

_____

_____

_____

20 ___ ★ _____

_____

_____

_____

20 ___ ★ _____

_____

_____

_____

20 ___ ★ _____

_____

_____

_____

SEPTEMBER

19

What's a new place you've
recently been to?

20 ___ ★ _____

_____

_____

_____

20 ___ ★ _____

_____

_____

_____

20 ___ ★ _____

_____

_____

_____

20 ___ ★ _____

_____

_____

_____

20 ___ ★ _____

_____

_____

_____

20

SEPTEMBER

What's your favorite
television show?

20 —— ★ _____

20 —— ★ _____

20 —— ★ _____

20 —— ★ _____

20 —— ★ _____

20 ___ ★ _____

_____

_____

_____

20 ___ ★ _____

_____

_____

_____

20 ___ ★ _____

_____

_____

_____

20 ___ ★ _____

_____

_____

_____

20 ___ ★ _____

_____

_____

_____

22

SEPTEMBER

What shocking news have
you recently learned?

20 ___ ★ _____

_____

_____

20 ___ ★ _____

_____

_____

20 ___ ★ _____

_____

_____

20 ___ ★ _____

_____

_____

20 ___ ★ _____

_____

_____

SEPTEMBER

23

Write down a quote for today.

20 ___ ★ _____

_____

_____

_____

20 ___ ★ _____

_____

_____

_____

20 ___ ★ _____

_____

_____

_____

20 ___ ★ _____

_____

_____

_____

20 ___ ★ _____

_____

_____

_____

24

SEPTEMBER

When was the last time
you went dancing?

20 __ ★ _____

_____

_____

20 __ ★ _____

_____

_____

20 __ ★ _____

_____

_____

20 __ ★ _____

_____

_____

20 __ ★ _____

_____

_____

SEPTEMBER

25

Do you plan, or are you flying
by the seat of your pants?

20 ___ ★ _____

_____

_____

_____

20 ___ ★ _____

_____

_____

_____

20 ___ ★ _____

_____

_____

_____

20 ___ ★ _____

_____

_____

20 ___ ★ _____

_____

_____

_____

26

SEPTEMBER

Today was amusing
because _____.

20 ___ ★ _____

_____

_____

_____

20 ___ ★ _____

_____

_____

_____

20 ___ ★ _____

_____

_____

_____

20 ___ ★ _____

_____

_____

_____

20 ___ ★ _____

_____

_____

_____

SEPTEMBER

27

Do you handle rejection well?

20 __ ★ _____

_____

_____

_____

20 __ ★ _____

_____

_____

_____

20 __ ★ _____

_____

_____

_____

20 __ ★ _____

_____

_____

_____

20 __ ★ _____

_____

_____

_____

28

SEPTEMBER

How hungry are
you right now?

20 ___ ★ _____

_____

_____

_____

20 ___ ★ _____

_____

_____

_____

20 ___ ★ _____

_____

_____

_____

20 ___ ★ _____

_____

_____

_____

20 ___ ★ _____

_____

_____

SEPTEMBER

29

Bad news: sugarcoated
or straight-up?

20 ___ ★ _____

_____

_____

_____

20 ___ ★ _____

_____

_____

_____

20 ___ ★ _____

_____

_____

_____

20 ___ ★ _____

_____

_____

_____

20 ___ ★ _____

_____

_____

_____

30

SEPTEMBER

How do you get out of a rut?

20 ___ ★ _____

_____

_____

_____

20 ___ ★ _____

_____

_____

_____

20 ___ ★ _____

_____

_____

_____

20 ___ ★ _____

_____

_____

_____

20 ___ ★ _____

_____

_____

_____

20 ____ ★ _____

_____

_____

_____

20 ____ ★ _____

_____

_____

_____

20 ____ ★ _____

_____

_____

_____

20 ____ ★ _____

_____

_____

_____

20 ____ ★ _____

_____

_____

_____

2

OCTOBER
What do you crave?

20 ___ ★ _____

_____

_____

_____

20 ___ ★ _____

_____

_____

_____

20 ___ ★ _____

_____

_____

_____

20 ___ ★ _____

_____

_____

_____

20 ___ ★ _____

_____

_____

_____

OCTOBER

3

What was the last bad
movie you watched?

20 __ ★ _____

_____

_____

_____

20 __ ★ _____

_____

_____

_____

20 __ ★ _____

_____

_____

_____

20 __ ★ _____

_____

_____

_____

20 __ ★ _____

_____

_____

_____

4

OCTOBER

In three words, describe
your love life.

20 __ ★ _____

_____

_____

_____

20 __ ★ _____

_____

_____

_____

20 __ ★ _____

_____

_____

_____

20 __ ★ _____

_____

_____

_____

20 __ ★ _____

_____

_____

_____

What question makes you anxious?

20 ___ ★ _____

_____

_____

20 ___ ★ _____

_____

_____

20 ___ ★ _____

_____

_____

20 ___ ★ _____

_____

_____

20 ___ ★ _____

_____

_____

6

OCTOBER

Do you have any new friends?

20 ___ ★ _____
_____
_____
_____

20 ___ ★ _____
_____
_____
_____

20 ___ ★ _____
_____
_____
_____

20 ___ ★ _____
_____
_____
_____

20 ___ ★ _____
_____
_____
_____

20 ___ ★ _____

_____

_____

_____

20 ___ ★ _____

_____

_____

_____

20 ___ ★ _____

_____

_____

_____

20 ___ ★ _____

_____

_____

_____

20 ___ ★ _____

_____

_____

_____

8

OCTOBER
What is your biggest dream?

20 _____ ★ _____

_____

_____

_____

20 _____ ★ _____

_____

_____

_____

20 _____ ★ _____

_____

_____

_____

20 _____ ★ _____

_____

_____

_____

20 _____ ★ _____

_____

_____

_____

9

You want a new _____.

20 ___ ★ _____
_____
_____
_____

20 ___ ★ _____
_____
_____
_____

20 ___ ★ _____
_____
_____
_____

20 ___ ★ _____
_____
_____
_____

20 ___ ★ _____
_____
_____
_____

10

OCTOBER

Write down the name of
someone you had a good
conversation with recently.

20 ___ ★ _____

_____

_____

_____

20 ___ ★ _____

_____

_____

_____

20 ___ ★ _____

_____

_____

_____

20 ___ ★ _____

_____

_____

_____

20 ___ ★ _____

_____

_____

_____

OCTOBER 11

What makes you feel wonderful?

20 ___ ★ _____

_____

_____

20 ___ ★ _____

_____

_____

20 ___ ★ _____

_____

_____

20 ___ ★ _____

_____

_____

20 ___ ★ _____

_____

_____

12

OCTOBER
One word for today.

20 ___ ★ _____

_____

_____

_____

20 ___ ★ _____

_____

_____

_____

20 ___ ★ _____

_____

_____

_____

20 ___ ★ _____

_____

_____

_____

20 ___ ★ _____

_____

_____

_____

OCTOBER
You have no patience
for _____.

13

20 ___ ★ _____

_____

_____

_____

20 ___ ★ _____

_____

_____

_____

20 ___ ★ _____

_____

_____

_____

20 ___ ★ _____

_____

_____

_____

20 ___ ★ _____

_____

_____

_____

14

OCTOBER
What expression do you overuse?

20 ___ ★ _____

_____

_____

_____

20 ___ ★ _____

_____

_____

_____

20 ___ ★ _____

_____

_____

_____

20 ___ ★ _____

_____

_____

_____

20 ___ ★ _____

_____

_____

_____

How much time do you
spend commuting?

20 ___ ★ _____

_____

_____

_____

20 ___ ★ _____

_____

_____

_____

20 ___ ★ _____

_____

_____

_____

20 ___ ★ _____

_____

_____

_____

20 ___ ★ _____

_____

_____

_____

16

OCTOBER

You woke up at _____.

20 ___ ★ _____

20 ___ ★ _____

20 ___ ★ _____

20 ___ ★ _____

20 ___ ★ _____

OCTOBER

17

What's the most valuable
thing you own?

20 ___ ★ _____
_____
_____
_____

20 ___ ★ _____
_____
_____
_____

20 ___ ★ _____
_____
_____
_____

20 ___ ★ _____
_____
_____
_____

20 ___ ★ _____
_____
_____
_____

18

OCTOBER

What famous living person would you want to meet for drinks?

20 ___ ★ _____

_____

_____

_____

20 ___ ★ _____

_____

_____

_____

20 ___ ★ _____

_____

_____

_____

20 ___ ★ _____

_____

_____

_____

20 ___ ★ _____

_____

_____

_____

OCTOBER

19

What was your last credit
card purchase?

20 ___ ★ _____

_____

_____

_____

20 ___ ★ _____

_____

_____

_____

20 ___ ★ _____

_____

_____

_____

20 ___ ★ _____

_____

_____

_____

20 ___ ★ _____

_____

_____

_____

20

OCTOBER
Who do you count on?

20 ___ ★ _____

_____

_____

_____

20 ___ ★ _____

_____

_____

_____

20 ___ ★ _____

_____

_____

_____

20 ___ ★ _____

_____

_____

_____

20 ___ ★ _____

_____

_____

_____

What new word have you learned?

20 —— ★ _____

_____

_____

_____

20 —— ★ _____

_____

_____

_____

20 —— ★ _____

_____

_____

_____

20 —— ★ _____

_____

_____

_____

20 —— ★ _____

_____

_____

_____

22

OCTOBER

Write a haiku about your day (5 syllables/7 syllables/ 5 syllables).

20 ___ ★ _____

_____

_____

20 ___ ★ _____

_____

_____

20 ___ ★ _____

_____

_____

20 ___ ★ _____

_____

_____

20 ___ ★ _____

_____

_____

OCTOBER

23

Who is the last person
in your missed calls?

20 __ * _____

_____

_____

_____

20 __ * _____

_____

_____

_____

20 __ * _____

_____

_____

_____

20 __ * _____

_____

_____

_____

20 __ * _____

_____

_____

_____

24

How are you? Write it in a rhyming couplet (two lines of verse that rhyme and have the same rhythm).

20 ___ ★ _____

_____

_____

20 ___ ★ _____

_____

_____

20 ___ ★ _____

_____

_____

20 ___ ★ _____

_____

_____

20 ___ ★ _____

_____

_____

What is the most honest
thing you've said today?

20 _____ ★ _____

_____

_____

20 _____ ★ _____

_____

_____

20 _____ ★ _____

_____

_____

20 _____ ★ _____

_____

_____

20 _____ ★ _____

_____

_____

26

OCTOBER

How do you feel
about your body?

20 ___ ★ _____

_____

_____

_____

20 ___ ★ _____

_____

_____

_____

20 ___ ★ _____

_____

_____

_____

20 ___ ★ _____

_____

_____

_____

20 ___ ★ _____

_____

_____

_____

OCTOBER 27

What was the last goofy
thing you did?

20 ___ ★ _____

_____

_____

20 ___ ★ _____

_____

_____

20 ___ ★ _____

_____

_____

20 ___ ★ _____

_____

_____

20 ___ ★ _____

_____

_____

28

OCTOBER

_____ is completely
ridiculous.

20 ___ ★ _____
_____
_____
_____

20 ___ ★ _____
_____
_____
_____

20 ___ ★ _____
_____
_____
_____

20 ___ ★ _____
_____
_____
_____

20 ___ ★ _____
_____
_____
_____

20 ___ ★ _____

_____

_____

_____

20 ___ ★ _____

_____

_____

_____

20 ___ ★ _____

_____

_____

_____

20 ___ ★ _____

_____

_____

_____

20 ___ ★ _____

_____

_____

_____

30

OCTOBER

Are you able to tell when you have enough?

20 ___ ★ _____

_____

_____

_____

20 ___ ★ _____

_____

_____

_____

20 ___ ★ _____

_____

_____

_____

20 ___ ★ _____

_____

_____

_____

20 ___ ★ _____

_____

_____

_____

20 ___ ★ _____

_____

_____

_____

20 ___ ★ _____

_____

_____

_____

20 ___ ★ _____

_____

_____

_____

20 ___ ★ _____

_____

_____

_____

20 ___ ★ _____

_____

_____

_____

1

NOVEMBER

What was something you couldn't do today?

20 ___ ★ _____

_____

_____

_____

20 ___ ★ _____

_____

_____

_____

20 ___ ★ _____

_____

_____

_____

20 ___ ★ _____

_____

_____

_____

20 ___ ★ _____

_____

_____

_____

20 ___ ★ _____

_____

_____

_____

20 ___ ★ _____

_____

_____

_____

20 ___ ★ _____

_____

_____

_____

20 ___ ★ _____

_____

_____

_____

20 ___ ★ _____

_____

_____

_____

3

NOVEMBER
When did you last hold a baby?

20 ___ ★ _____

_____

_____

_____

20 ___ ★ _____

_____

_____

_____

20 ___ ★ _____

_____

_____

_____

20 ___ ★ _____

_____

_____

_____

20 ___ ★ _____

_____

_____

_____

20 ___ ★ _____
_____
_____
_____

20 ___ ★ _____
_____
_____
_____

20 ___ ★ _____
_____
_____
_____

20 ___ ★ _____
_____
_____
_____

20 ___ ★ _____
_____
_____
_____

5

NOVEMBER

What should remain as-is?

20 ___ ★ _____

_____

_____

_____

20 ___ ★ _____

_____

_____

_____

20 ___ ★ _____

_____

_____

_____

20 ___ ★ _____

_____

_____

_____

20 ___ ★ _____

_____

_____

_____

NOVEMBER 6

What time did you go
to bed last night?

20 ___ ★ _____

_____

_____

_____

20 ___ ★ _____

_____

_____

_____

20 ___ ★ _____

_____

_____

_____

20 ___ ★ _____

_____

_____

_____

20 ___ ★ _____

_____

_____

_____

7

NOVEMBER
Who is your hero?

20 ___ ★ _____

_____

_____

_____

20 ___ ★ _____

_____

_____

_____

20 ___ ★ _____

_____

_____

_____

20 ___ ★ _____

_____

_____

_____

20 ___ ★ _____

_____

_____

_____

20 ___ ★ _____

_____

_____

_____

20 ___ ★ _____

_____

_____

_____

20 ___ ★ _____

_____

_____

_____

20 ___ ★ _____

_____

_____

_____

20 ___ ★ _____

_____

_____

_____

9

NOVEMBER
Did you leave work on time?

20 ___ ★ _____

_____

_____

20 ___ ★ _____

_____

_____

20 ___ ★ _____

_____

_____

20 ___ ★ _____

_____

_____

20 ___ ★ _____

_____

_____

Where do you find pleasure?

20 ___ ★ _____

_____

_____

_____

20 ___ ★ _____

_____

_____

_____

20 ___ ★ _____

_____

_____

_____

20 ___ ★ _____

_____

_____

_____

20 ___ ★ _____

_____

_____

_____

11

NOVEMBER
What do you always avoid?

20 ___ ★ _____

_____

_____

_____

20 ___ ★ _____

_____

_____

_____

20 ___ ★ _____

_____

_____

_____

20 ___ ★ _____

_____

_____

_____

20 ___ ★ _____

_____

_____

_____

20 ___ ★ _____

_____

_____

_____

20 ___ ★ _____

_____

_____

_____

20 ___ ★ _____

_____

_____

_____

20 ___ ★ _____

_____

_____

_____

20 ___ ★ _____

_____

_____

_____

13

NOVEMBER

What song could be
your self-portrait?

20 ___ ★ _____

_____

_____

_____

20 ___ ★ _____

_____

_____

_____

20 ___ ★ _____

_____

_____

_____

20 ___ ★ _____

_____

_____

_____

20 ___ ★ _____

_____

_____

_____

20 ___ ★ _____
_____
_____
_____

20 ___ ★ _____
_____
_____
_____

20 ___ ★ _____
_____
_____
_____

20 ___ ★ _____
_____
_____
_____

20 ___ ★ _____
_____
_____
_____

15

NOVEMBER

Waking up was _____.

20 ___ ★ _____

_____

_____

_____

20 ___ ★ _____

_____

_____

_____

20 ___ ★ _____

_____

_____

_____

20 ___ ★ _____

_____

_____

_____

20 ___ ★ _____

_____

_____

_____

20 ___ ★ _____

_____

_____

_____

20 ___ ★ _____

_____

_____

_____

20 ___ ★ _____

_____

_____

_____

20 ___ ★ _____

_____

_____

_____

20 ___ ★ _____

_____

_____

_____

17

NOVEMBER
Which friend(s) did
you last speak to?

20 ___ ★ _____

_____

_____

_____

20 ___ ★ _____

_____

_____

_____

20 ___ ★ _____

_____

_____

_____

20 ___ ★ _____

_____

_____

_____

20 ___ ★ _____

_____

_____

_____

20 —— ★ _____

_____

_____

_____

20 —— ★ _____

_____

_____

_____

20 —— ★ _____

_____

_____

_____

20 —— ★ _____

_____

_____

_____

20 —— ★ _____

_____

_____

_____

19

NOVEMBER

When was the last time you checked an online social network?

20 __ ★ _____

_____

_____

_____

20 __ ★ _____

_____

_____

_____

20 __ ★ _____

_____

_____

_____

20 __ ★ _____

_____

_____

_____

20 __ ★ _____

_____

_____

_____

20 ___ ★ _____

_____

_____

_____

20 ___ ★ _____

_____

_____

_____

20 ___ ★ _____

_____

_____

_____

20 ___ ★ _____

_____

_____

_____

20 ___ ★ _____

_____

_____

_____

21

NOVEMBER

What are your favorite shoes?

20 ___ ★ _____

_____

_____

_____

20 ___ ★ _____

_____

_____

_____

20 ___ ★ _____

_____

_____

_____

20 ___ ★ _____

_____

_____

_____

20 ___ ★ _____

_____

_____

_____

20 ___ ★ _____

_____

_____

_____

20 ___ ★ _____

_____

_____

_____

20 ___ ★ _____

_____

_____

_____

20 ___ ★ _____

_____

_____

_____

20 ___ ★ _____

_____

_____

_____

23

NOVEMBER

What is your favorite brunch food?

20 ___ ★ _____

_____

_____

_____

20 ___ ★ _____

_____

_____

_____

20 ___ ★ _____

_____

_____

_____

20 ___ ★ _____

_____

_____

_____

20 ___ ★ _____

_____

_____

_____

24

Who have you recently
deleted from your
contacts/address book?

20 ___ ★ _____
_____
_____
_____

20 ___ ★ _____
_____
_____
_____

20 ___ ★ _____
_____
_____
_____

20 ___ ★ _____
_____
_____
_____

20 ___ ★ _____
_____
_____
_____

25

NOVEMBER

How much water did you drink today?

20 ___ ★ _____
_____
_____
_____

20 ___ ★ _____
_____
_____
_____

20 ___ ★ _____
_____
_____
_____

20 ___ ★ _____
_____
_____
_____

20 ___ ★ _____
_____
_____

20 ___ ★ _____

_____

_____

20 ___ ★ _____

_____

_____

20 ___ ★ _____

_____

_____

20 ___ ★ _____

_____

_____

20 ___ ★ _____

_____

_____

27

NOVEMBER

Who inspires you?

20 _____ ★ _____

_____

_____

_____

20 _____ ★ _____

_____

_____

_____

20 _____ ★ _____

_____

_____

_____

20 _____ ★ _____

_____

_____

_____

20 _____ ★ _____

_____

_____

_____

NOVEMBER

28

What was the last
risk you took?

20 ___ ★ _____

_____

_____

_____

20 ___ ★ _____

_____

_____

_____

20 ___ ★ _____

_____

_____

_____

20 ___ ★ _____

_____

_____

_____

20 ___ ★ _____

_____

_____

_____

29

NOVEMBER

What five words
describe your mood?

20 ___ ★ _____

_____

_____

20 ___ ★ _____

_____

_____

20 ___ ★ _____

_____

_____

20 ___ ★ _____

_____

_____

20 ___ ★ _____

_____

_____

30

Today you almost _____.

20 ___ ★ _____
_____
_____
_____

20 ___ ★ _____
_____
_____
_____

20 ___ ★ _____
_____
_____
_____

20 ___ ★ _____
_____
_____
_____

20 ___ ★ _____
_____
_____
_____

1

DECEMBER

What would you like your
epitaph to read?

20 ___ ★ _____

_____

_____

_____

20 ___ ★ _____

_____

_____

_____

20 ___ ★ _____

_____

_____

_____

20 ___ ★ _____

_____

_____

_____

20 ___ ★ _____

_____

_____

_____

DECEMBER

What details from today would you like to remember?

2

20 ___ ★ _____

_____

_____

_____

20 ___ ★ _____

_____

_____

_____

20 ___ ★ _____

_____

_____

_____

20 ___ ★ _____

_____

_____

_____

20 ___ ★ _____

_____

_____

_____

3

DECEMBER

On a scale of one to ten,
how happy are you?

20 ___ ★ _____

_____

_____

20 ___ ★ _____

_____

_____

20 ___ ★ _____

_____

_____

20 ___ ★ _____

_____

_____

20 ___ ★ _____

_____

_____

Do you want to know how it ends?

20 ___ ★ _____

_____

_____

_____

20 ___ ★ _____

_____

_____

_____

20 ___ ★ _____

_____

_____

_____

20 ___ ★ _____

_____

_____

_____

20 ___ ★ _____

_____

_____

_____

5

DECEMBER
Who do you miss?

20 ___ ★ _____
_____
_____

20 ___ ★ _____
_____
_____

20 ___ ★ _____
_____
_____

20 ___ ★ _____
_____
_____

20 ___ ★ _____
_____
_____

DECEMBER

6

Today you gained _____.

20 ___ ★ _____

_____

_____

_____

20 ___ ★ _____

_____

_____

_____

20 ___ ★ _____

_____

_____

_____

20 ___ ★ _____

_____

_____

_____

20 ___ ★ _____

_____

_____

_____

7

DECEMBER

Where do you see yourself next year?

20 —— ★ _____

_____

_____

20 —— ★ _____

_____

_____

20 —— ★ _____

_____

_____

20 —— ★ _____

_____

_____

20 —— ★ _____

_____

_____

20 ___ ★ _____

_____

_____

_____

20 ___ ★ _____

_____

_____

_____

20 ___ ★ _____

_____

_____

_____

20 ___ ★ _____

_____

_____

_____

20 ___ ★ _____

_____

_____

_____

9

DECEMBER

What is your most recent
act of generosity?

20 ___ ★ _____

_____

_____

_____

20 ___ ★ _____

_____

_____

_____

20 ___ ★ _____

_____

_____

_____

20 ___ ★ _____

_____

_____

_____

20 ___ ★ _____

_____

_____

_____

20 ___ ★ _____

_____

_____

_____

20 ___ ★ _____

_____

_____

_____

20 ___ ★ _____

_____

_____

_____

20 ___ ★ _____

_____

_____

_____

20 ___ ★ _____

_____

_____

_____

11

DECEMBER
Where do you find joy?

20 ___ ★ _____

20 ___ ★ _____

20 ___ ★ _____

20 ___ ★ _____

20 ___ ★ _____

20 ___ ★ _____

_____

_____

_____

20 ___ ★ _____

_____

_____

_____

20 ___ ★ _____

_____

_____

_____

20 ___ ★ _____

_____

_____

_____

20 ___ ★ _____

_____

_____

_____

13

DECEMBER
What is your biggest regret?

20 ___ ★ _____

20 ___ ★ _____

20 ___ ★ _____

20 ___ ★ _____

20 ___ ★ _____

20 ___ ★ _____

_____

_____

_____

20 ___ ★ _____

_____

_____

_____

20 ___ ★ _____

_____

_____

_____

20 ___ ★ _____

_____

_____

_____

20 ___ ★ _____

_____

_____

_____

15

DECEMBER
Moderation or excess?

20 __ ★ _____

_____

_____

_____

20 __ ★ _____

_____

_____

_____

20 __ ★ _____

_____

_____

_____

20 __ ★ _____

_____

_____

_____

20 __ ★ _____

_____

_____

_____

20 ___ ★ _____

_____

_____

_____

20 ___ ★ _____

_____

_____

_____

20 ___ ★ _____

_____

_____

_____

20 ___ ★ _____

_____

_____

_____

20 ___ ★ _____

_____

_____

_____

17

DECEMBER

If you had to move to a new city, where would you move?

20 __ ★ _____

_____

_____

20 __ ★ _____

_____

_____

20 __ ★ _____

_____

_____

20 __ ★ _____

_____

_____

20 __ ★ _____

_____

_____

What do you like to talk about?

20 ___ ★ _____

_____

_____

_____

20 ___ ★ _____

_____

_____

_____

20 ___ ★ _____

_____

_____

_____

20 ___ ★ _____

_____

_____

_____

20 ___ ★ _____

_____

_____

_____

19

DECEMBER

If you could change one thing about today, what would it be?

20 ___ ★ _____

_____

_____

20 ___ ★ _____

_____

_____

20 ___ ★ _____

_____

_____

20 ___ ★ _____

_____

_____

20 ___ ★ _____

_____

_____

What is your dream vacation?

20 ___ ★ _____

_____

_____

_____

20 ___ ★ _____

_____

_____

_____

20 ___ ★ _____

_____

_____

_____

20 ___ ★ _____

_____

_____

_____

20 ___ ★ _____

_____

_____

_____

21

DECEMBER

If you could be the best at
anything, what would it be?

20 ___ ★ _____

_____

_____

_____

20 ___ ★ _____

_____

_____

_____

20 ___ ★ _____

_____

_____

_____

20 ___ ★ _____

_____

_____

_____

20 ___ ★ _____

_____

_____

_____

DECEMBER

22

Did you meet someone new
recently? If so, who was it?

20 ___ ★ _____
_____
_____
_____

20 ___ ★ _____
_____
_____
_____

20 ___ ★ _____
_____
_____
_____

20 ___ ★ _____
_____
_____
_____

20 ___ ★ _____
_____
_____
_____

23

DECEMBER
What's your favorite cereal?

20 ___ ★ _____
_____
_____
_____

20 ___ ★ _____
_____
_____
_____

20 ___ ★ _____
_____
_____
_____

20 ___ ★ _____
_____
_____
_____

20 ___ ★ _____
_____
_____
_____

Write down a recent transition.

20 ___ ★ _____
_____
_____
_____

20 ___ ★ _____
_____
_____
_____

20 ___ ★ _____
_____
_____
_____

20 ___ ★ _____
_____
_____
_____

20 ___ ★ _____
_____
_____
_____

25

DECEMBER

Write down five words
that describe today.

20 ___ ★ _____

_____

_____

20 ___ ★ _____

_____

_____

20 ___ ★ _____

_____

_____

20 ___ ★ _____

_____

_____

20 ___ ★ _____

_____

_____

DECEMBER

26

On a scale of one to ten, how spontaneous were you today?

20 _____ ★ _____

_____

_____

_____

20 _____ ★ _____

_____

_____

20 _____ ★ _____

_____

_____

20 _____ ★ _____

_____

_____

20 _____ ★ _____

_____

_____

27

DECEMBER

When was the last time
you felt at peace?

20 ___ ★ _____

_____

_____

20 ___ ★ _____

_____

_____

20 ___ ★ _____

_____

_____

20 ___ ★ _____

_____

_____

20 ___ ★ _____

_____

_____

DECEMBER

28

Snuggle down or go
out and play?

20 ___ ★ _____

_____

_____

_____

20 ___ ★ _____

_____

_____

_____

20 ___ ★ _____

_____

_____

_____

20 ___ ★ _____

_____

_____

_____

20 ___ ★ _____

_____

_____

_____

29

DECEMBER

What are your top
three wishes?

20 ___ ★ _____

_____

_____

_____

20 ___ ★ _____

_____

_____

_____

20 ___ ★ _____

_____

_____

_____

20 ___ ★ _____

_____

_____

_____

20 ___ ★ _____

_____

_____

DECEMBER

List what you've eaten
for the past week.

30

20 ___ ★ _____

_____

_____

_____

20 ___ ★ _____

_____

_____

_____

20 ___ ★ _____

_____

_____

_____

20 ___ ★ _____

_____

_____

_____

20 ___ ★ _____

_____

_____

_____

31

DECEMBER

What is your most cherished
memory of this year?

20 ___ ★ _____

_____

_____

20 ___ ★ _____

_____

_____

20 ___ ★ _____

_____

_____

20 ___ ★ _____

_____

_____

20 ___ ★ _____

_____

_____